はじめに

　絵本が好きで、たくさんの絵本に出会い、楽しんできました。1冊の絵本をさまざまな機会に読み返して、新たな発見をすることもあります。新しい視点で描かれた、目を見はる絵本にもたくさん出会います。古くからのよいもの、新しいもの、絵本の世界はずいぶん広がっていると感じます。

　絵本や本が日常生活の中にあることで、私たちの生活はさらに豊かになるのではないかと思います。想像するという行為は生活をうるおわせてくれます。困ったときに拠りどころとして、本は新たな扉を開いてくれます。

　ミュージカル「美女と野獣」に、印象的なシーンがあります。野獣（ビースト）の古い城にはすばらしい図書館がありますが、本を読まないビーストにはその価値がわかりません。ベルは本のおもしろさにとっぷりとつかり、物語の世界に思いを馳せて生きてきました。城の図書館を見て、ベルは息をのみ、うれしさをあふれさせます。ベルは、ビーストに本を読みきかせます。やがて、ビーストもそれまで知らなかった豊かな世界にひたっていき、ふたりの心は近づいていきます。

　学校図書館の本棚には、子どもたちをひきつけるたくさんの本があります。それらの本を子どもたちの手にとどけ、本の世界へ子どもたちをいざなうには、導き手や何らかのきっかけが必要です。

　本書は、学校図書館にある多くの蔵書の中から、その時々に興味をもってほしい本、これぞという本を取りだして紹介する4つの取り組みを具体的な例として示し、月別に掲載しました。全4巻全体の目次（テーマ）内容は、後見返しに掲載してあります。各巻の目次は、前ソデに掲載してあります。

　まず、月ごとに季節にあったテーマを設定します。テーマにそった「ディスプレイ」「壁面ディスプレイ」で蔵書を展示紹介します。さらにテーマにそった「ブックトーク」やポップ形式の「おすすめ本カード」で本を紹介する構成です。

　これらは、学校図書館発の日常的な本の紹介活動ですが、学校司書や司書教諭だけの活動にとどまらず、子どもたちの図書委員会活動やボランティアのみなさんの活動へも広げて、楽しく取り組んでほしいと思います。

　学校図書館にあるたくさんの本に光をあてるとともに、学校図書館が本のある楽しい場所であることをアピールし、本の世界に目を向け、本を楽しむ子どもたちがひとりでも増えてくれることを願っています。

本書の使い方

ディスプレイ

　学校図書館に展示台（ディスプレイ）を置きます。展示台は月別のテーマをもとに集めた本を、表紙を見せて並べられる台です。学校図書館に入ってすぐの場所に置くのが、一番目につき最適です。

　まず、その月のテーマを決めます。年間の展示計画（テーマ）をおおまかにでも立てておくと、準備が進めやすくなります。テーマはひとつだけでなく、できそうなものを書きだしておくと、子どもたちの必要感や学校行事などによる臨機応変な変更も可能ですし、次年度の参考にもなります。

　ディスプレイの具体的な飾りつけやつくり方、用意するもの、展示紹介した主な本は、月ごとのディスプレイのページに解説してあります。

　本書で紹介・例示した展示計画やその他の工夫・アイデアについては、40ページ「指導者の方へ　本を展示・掲示しよう！」を参照してください。

壁面ディスプレイ

　掲示板（壁面ディスプレイ）は、学校図書館の中や廊下など、壁面のあきスペースを有効活用します。月別のテーマをもとに集めた本を、壁面ディスプレイの下に表紙を見せて並べられるようにします。学校図書館の状況によって、展示台（ディスプレイ）で紹介するか、掲示板で紹介するか、考えます。もちろん、両方に取り組めたら、多様な紹介ができます。

　月のテーマ決めについては、展示台と同様です。

　壁面ディスプレイの具体的な飾りつけやつくり方、用意するもの、展示紹介した主な本は、月ごとの壁面ディスプレイのページに解説してあります。

　本書で紹介・例示した展示計画やその他の工夫・アイデアについては、40ページ「指導者の方へ　本を展示・掲示しよう！」を参照してください。

ブックトーク

　ブックトークは、テーマを設定し、テーマのもとに集めた数冊の本を、話をつなぎながら紹介していく方法です。同じ学年の子どもたちに行いやすく、学校で行うことに適しています。「こんな本もあるんだよ」とさまざまな本の存在やよさを知らせ、聞き手を本にいざないます。学校図書館にあるたく

さんの本に光をあて、子どもたちに本をとどけるよい方法です。

　テーマ選びは自由ですが、テーマを決めて展示台（ディスプレイ）や壁面でディスプレイするときは、まさにブックトークをつくるチャンスです。ひとつのテーマのもとに学校図書館にある本を集めているのですから、ブックトークで使う本はそこにそろっています。

　ブックトークの本選びでは、紹介者が「紹介したい」「おもしろい」と感じている本を選ぶことが第一です。それでなくては、思いが相手に伝わりません。同じテーマのもと、視点をかえて異なったジャンルから本を選ぶと、おもしろいブックトークになります。聞き手の対象年齢（学年）にあった本を選びますが、少し背伸びをしたくらいの本からやさしい本まで、幅広く選びます。その中で、紹介の中心となる本を選んでおきます。また、紹介した本は読んでもらいたい本ですから、手に取ったり借りたりできることが大切です。学校図書館にある本を使います。

　紹介する本の候補がそろったところで、本を選びながら構成を考えます。慣れてくれば、紹介する本と順番、紹介ポイントといったメモだけで行うこともできますが、シナリオをつくると、伝えたい内容や伝えたい言葉をおさえて話すことができ、安心して行えます。また、行うたびに手直しを加え、練り上げていくことができます。

　まず、テーマ紹介の導入（はじまりの話）を考えます。そして、話のつなぎや順番などの構成を考え、書きとめます。話のつなぎや順番を考える際には、紹介する本を読み返したり確かめたりして、紹介する本の入れかえやカットなどを行います。本と本をつなぐ言葉を工夫するとテーマがはっきりとし、途切れることなく効果的です。1冊1冊の紹介ポイントを押さえ、紹介内容を考えます。中心になる本はじっくりと、そうでない本はさらりと紹介し、メリハリをつけると聞きやすくなります。

　ブックトークで紹介する本のリストを印刷して用意しておきます。リストには、ブックトークのテーマはもちろんですが、作者や出版社などの情報も必ず入れておきます。ブックリストは、ブックトークを終えてから配布します。はじめに配ったのでは、どんな本が紹介されるのかというわくわく感が失われてしまいます。ブックリストをひとりひとりの手元に残すと、学校図書館に出向いて本を探したり、ほしい本を書店で手に入れたりするなど、その後の読書につながります。

　ブックトークをする際には、あらかじめ、きちんと紹介本に目を通し、紹介する箇所にはふせんをつけたりメモをはさんだりしておきます。できるだけ聞き手と目を合わせて語りかけていきたいので、ブックトークをスムーズに運ぶためには、このひと手間が大切です。

　本書のブックトークは、いずれも所要時間は40分、紹介する本は8～9冊が多く、少し長めの内容です。必要に応じて取捨選択するなどして活用してください。通常のブックトークはひとりの語り手が導入から最後まで通して行いますが、本書では子どもたちが楽しんでできるように、2～3人のリレー形式を想定して構成しました。仲間で相談してテンポよく紹介し、楽しんでください。

ブックトークのシナリオづくりのワークシートや紹介した本のブックリストなどの例は、『だれでもできるブックトーク─読みきかせからひとり読みへ』(村上淳子：編著／国土社／2008年刊)『だれでもできるブックトーク2〔中学・高校編〕─素敵な本の世界を生徒たちに』(村上淳子：編著／国土社／2010年刊)『その本、読みたい！─読みきかせ＋ぷちブックトーク』(全2巻／村上淳子：編著／国土社／2013年刊)を参照してください。

おすすめ本カード

　おすすめ本カードは、ぜひ読んでほしいと思う本を紹介するカードです。月別のテーマをもとに何冊かまとめて紹介すると、見方をかえたり重ねて読むことができたりして、紹介として効果的です。

　学校図書館の中に「おすすめ本コーナー」をつくり、表紙を見せて並べた本にポップとしてそえることもできます。学校図書館の掲示板などにカードだけをはりだすこともできます。また、同じテーマのカードを集めて1枚の用紙にまとめ、紹介本の表紙写真や著者、出版社、本の分類番号などの情報ものせて印刷し、おすすめ本リーフレットにすることもできます。テーマ別のリーフレットが学校図書館のカウンター近くに何種類もおかれ、自由に持っていけるというのもいいですね。

　ひとりでつくるばかりでなく、学校司書さんどうし、図書委員会の子どもたち、ボランティアのみなさんで、テーマのもとにさまざまな本を紹介しあってつくるのも楽しい活動になります。

　紹介したい本が決まったら、その本のよさが伝わるように、読んでみたいと思ってもらえるように、紹介文を考えます。

　カードにする場合は、使う紙やペンなどでさまざまな工夫ができます。イラストも入れられます。パソコンを使う場合は、文字の大きさや色、線を引くことなどでも工夫ができます。楽しんでつくってください。

　「おすすめ本カード」のつくり方やアイデアについては、16ページ「コラム1　おすすめ本カード(ポップ)のつくり方」を参照してください。

4月 ディスプレイ

テーマ｜春を楽しむ本

「春いっぱい」

春です。新しい学年のスタートです。動きだした楽しい春を感じさせてくれる物語や科学の絵本を展示紹介しました。

ディスプレイは、満開のタンポポの花と舞い踊るたくさんのチョウです。ピアノ線の先につけたチョウは、風でゆらりと揺れます。

ディスプレイ　4月

用意するもの

- ☑ 色画用紙（緑、黄色、パステルカラー）
- ☑ ピアノ線　☑ 両面テープ
- ☑ テントウムシのピン（市販品）
- ☑ 発泡スチロール

つくり方

1. パソコンでプリントアウトしたタイトルを緑の色画用紙にはり、段ボールの六角形ベース（43ページ参照）に巻きつけます。

2. 長方形（5cm×25cm）の黄色の色画用紙を用意します。長い辺にそって両面テープをはり、このテープのところまで2mm間隔の切りこみを入れていきます。この紙を2、3枚つなげ、きっちりと巻いて、切れこみ部分を開いて花にします。
ふたつ折りにした緑の色画用紙を切りぬいて、タンポポの葉をつくります。
※『花の紙工作 フラワークラフト』（島田明美：著／フレーベル館／1995年刊）参照。

3. タンポポの花と葉を段ボールの六角形ベースにはります。

4. テントウムシのピンを段ボールの六角形ベースにさします。

5. パステルカラーの色画用紙を切りぬいてチョウをつくります。
※『切り紙昆虫館 ハサミで作ろう!』（今森光彦:作／童心社／2009年刊）の型紙を使用。

6. ピアノ線の先にチョウをはりつけます。ピアノ線の太さをかえると揺れ方が少し異なります。

7. 段ボールの六角形ベースの中に発泡スチロールを固定し、これにチョウのピアノ線をさしこみます。展示台にもチョウをはりつけます。

●展示紹介した主な本

- 『新装版 科学のアルバム モンシロチョウ』（矢島稔：著／あかね書房／2005年刊）
- 『新装版 科学のアルバム テントウムシ』（佐藤有恒：著／あかね書房／2005年刊）
- 『ファーブル昆虫記の虫たち1』（熊田千佳慕：絵・文／小学館／1998年刊）
- 『校外学習に役立つ みぢかな飼育と栽培 タンポポ』（七尾純：構成・文／国土社／1995年刊）
- 『はるだ!! もんね』（木曽秀夫：著／文溪堂／2004年刊）
- 『新装版 のはらの村のものがたり 春のピクニック』（ジル・バークレム：作／岸田衿子：訳／講談社／1996年刊）
- 『のはらのずかん』（長谷川哲雄：作／岩崎書店／1992年刊）
- 『たねいっぱい わらったね』（近藤薫美子：著／アリス館／1999年刊）
- 『だって春だもん』（小寺卓矢：写真・文／アリス館／2009年刊）
- 『よもぎだんご』（さとうわきこ：作／福音館書店／1989年刊）
- 『ふしぎなたけのこ』（松野正子：作／瀬川康男：絵／福音館書店／1966年刊）
- 『たんぽぽ』（荒井真紀：文・絵／金の星社／2015年刊）
- 『草花遊び図鑑』（小林正明：著／小林茉由：絵／全国農村教育協会／2008年刊）
- 『のはらクラブのこどもたち』（たかどのほうこ：作／理論社／2000年刊）

ほか

4月 壁面ディスプレイ

テーマ｜春を楽しむ本

「はるだよ！」

たくさんの飛び立つチョウとタンポポの明るい掲示です。
やわらかなパステルカラーを基本色にしてまとめます。

- 壁面の下の黄緑部分はタンポポの草原をイメージしました。草原にタンポポの花をつける際は、花びらの反対につけた丸い黄緑の色画用紙部分（9ページ参照）に画鋲をさせば、簡単にとめられます。タンポポの葉も、葉っぱの裏側の一部に糊をつけて草原に見たてた同色の色画用紙にはります。葉が浮きでるように見えます。
- チョウは2、3種の異なる大きさでつくります。また、はる際は、チョウの裏側、真ん中あたりに両面テープをつけ、掲示板にはりつけます。そうすると、羽の端は少し浮き、立体感がでます。
- チョウやタンポポの葉などたくさん切りぬく場合は、重ね切りをします。

壁面ディスプレイ 4月

用意するもの
- ☑ 画用紙
- ☑ 色画用紙（紫、水色、ピンク、クリーム色、黄色、黄緑）
- ☑ 両面テープ

つくり方

1. 表紙コピーは、白画用紙を台紙としてはり、台紙のまわりを柔らかな印象にするためにちぎります。タイトルも、拡大した文字を切りぬいて白画用紙の台紙にはり、台紙を指でちぎって丸く形づくります。

2. 紫、水色、ピンク、クリーム色のパステルカラーの色画用紙を使い、型紙をあててチョウを切りぬきます（7ページ参照）。

3. 黄色の色画用紙を使い、タンポポの花をつくります（7ページ参照）。

4. 黄緑の色画用紙をつなげて横長にし、これを切って、タンポポの花をはる草原部分をつくります。また、黄緑の色画用紙を切りぬいてタンポポの葉をつくります。

5. バランスを考えて、草原に見たてた黄緑の色画用紙をはり、タンポポの花と葉をはります。

6. タンポポの草原からチョウが舞い広がるように、色や位置のバランスを考えてチョウと表紙コピー、タイトルをはります。

▲タンポポの花びらの反対側に、あらかじめ丸く切りぬいた黄緑の色画用紙をボンドなどではっておく

●展示紹介した主な本

- 『校外学習に役立つ みぢかな飼育と栽培　タンポポ』（七尾純：構成・文／国土社／1995年刊）
- 『たんぽぽ』（平山和子：ぶん・え／北村四郎：監修／福音館書店／1976年刊）
- 『はるのやまはザワザワ』（村上康成：作・絵／徳間書店／2001年刊）
- 『はなをくんくん』（ルース・クラウス：ぶん／マーク・シーモント：え／きじまはじめ：やく／福音館書店／1967年刊）
- 『ぐりとぐら（1967年刊）』『ぐりとぐらのえんそく（1983年刊）』（中川李枝子：さく／大村百合子：え／福音館書店）
- 『14ひきのピクニック』（いわむらかずお：さく／童心社／1986年刊）
- 『はるはゆらゆら』（五味太郎：作／小学館／2005年刊）
- 『にゃーご』（宮西達也：作・絵／鈴木出版／1997年刊）
- 『はらぺこあおむし』（エリック・カール：さく／もりひさし：やく／偕成社／1989年刊）

ほか

4月 ブックトーク

テーマ｜春を楽しむ本

「春だよ！」

春は、いろいろなものが動きだします。いろいろな植物、動物の動きに目をとめると、楽しいことや不思議なことがいっぱいあります。

私たち自身もいろいろな自然とふれあいながら活動を広げ、春という季節を楽しみたいと思います。

時間：40分　対象：中学年

▶『だって春だもん』の読みきかせ（5〜6分）をする。

春ですね。何か、いろいろなものが動きだしましたね。何か、じっとしていられない気持ちになってきませんか。

今日は「春だよ！」というテーマで、春を楽しむいろいろな本を紹介します。

●選んだ本
① 『だって春だもん』（小寺卓矢：写真・文／アリス館／ 2009年刊）
② 『葉っぱのあかちゃん』（平野隆久：写真・文／岩崎書店／ 2008年刊）
③ 『のはらクラブのこどもたち』（たかどのほうこ：作／理論社／ 2000年刊）
④ 『よもぎだんご』（さとうわきこ：作／福音館書店／ 1989年刊）
⑤ 『ふしぎなたけのこ』（松野正子：作／瀬川康男：絵／福音館書店／ 1966年刊）
⑥ 『ツバメ観察記』（孝森まさひで：文・写真／福音館書店／ 2016年刊）
⑦ 『たんぽぽ』（荒井真紀：文・絵／金の星社／ 2015年刊）
⑧ 『草花遊び図鑑』（小林正明：著／小林茉由：絵／全国農村教育協会／ 2008年刊）

『だって春だもん』

『だって春だもん』の表紙の写真のここ、何かわかりますか。
▶表紙写真の2本の腕のように伸びた部分をさす。

これは、葉っぱです。葉っぱが落ちてなくなった木から、春になると、また葉っぱがでてきます。そう、葉っぱの赤ちゃんがでてくるのです。

ブックトーク 4月

いろいろな葉っぱの赤ちゃんを集めた本があります。
▶表紙を見せる。

『葉っぱのあかちゃん』

▶2〜9ページを読む。14、15ページなどを見せる。

たくさん葉っぱの赤ちゃんが生まれていましたね。かわいい赤ちゃんですね。かわいいけれど、もう大人の姿がしっかりとわかりますね。本物を見たいと思いませんか。本の写真と比べて、いろいろ見つけてみると楽しいですよ。
かわいい春の姿を見つけてください。

木だけでなく、野原の草もたくさん芽をだします。緑が美しい春ですね。

『のはらクラブのこどもたち』

▶表紙を見せ、2、3ページを見せる。

野原が好きなおばさん、のはらおばさんが、ある日、楽しいことを思いつきました。「こどもたちを　あつめて　みんなで　のはらを　さんぽしよう」

▶4、5ページを開き、いくつか絵を見せる。

ポスターをつくり、木にかけておくと、子どもたちが集まりました。集まったそれぞれが、自分がよく知っている草のお話をします。スズメノカタビラ、カラスノエンドウ、キツネアザミ、オドリコソウ…。ネコジャラシとエノコログサは同じ草だって、知っていますか。いろいろな草の名前のわけや楽しいお話が続きます。最後に、集まった子どもたちの秘密もわかります。
春って、とっても楽しそうですよ。

今度は、野原でいろいろな草をつんで、つんだ草でお料理をつくります。

『よもぎだんご』

▶表紙を見せ、20〜25ページのよもぎ団子づくりの絵を見せる。

ヨモギという草をたくさんつんで、白いお団子に混ぜると、緑色のよもぎ団子になります。つくり方も絵で載っています。
緑がいっぱいで、春のにおいがしてきそうですね。
春って、おいしそうですよ。

11

4月 ブックトーク

　春のおいしいものといえば、まだあります。地面からにょきにょきっと生えてくるもの…、タケノコです。

『ふしぎなたけのこ』

▶表紙を見せる。
　山の奥の奥の村の、昔々のお話です。タケノコ掘りに行った"たろ"は、暑くなって上着をすぐそばのタケノコにかけました。すると、そのタケノコがぐぐぐっと伸びます。たろが上着を取ろうと飛びつくと、さらにぐぐぐっと伸び、どんどん伸びて、こんなにも伸びてしまいました。
　さあ、たいへん。「たけのこをきるぞーっ。しっかりつかまっていろーっ」という声が下から聞こえてきます。
▶8、9ページの絵を見せる。ここから先は見せない。
　春の空高く伸びたタケノコ、このあと、たろはどうなるのでしょう。

　さて、春になると現れて、春の空をすいすいと飛びまわる鳥がいます。ツバメです。

『ツバメ観察記』

▶表紙を見せる。
　春、3月から4月にかけてツバメが現れます。冬の間は日本を離れて、暖かい東南アジアですごしていました。春になると日本に帰ってきて、家の軒下などに巣をつくり、子育てをします。学校の行き帰りなどに、ツバメの巣を見たことありませんか。
▶7ページの写真を見せる。
　巣をどんなふうにしてつくっていくか知っていますか。1週間ぐらいかけてつくるようです。オスとメスとで、1日に300回から400回ぐらい、材料を運んでいるようです。
▶10ページの写真、16、17ページなどを見せる。
　卵を何個うむか、どんなふうに成長していくか、観察が続きます。
　ツバメのいろいろな秘密がよくわかります。よく見る鳥なのに、知らないことがいっぱいあります。ツバメがぐんぐん大人になっていく様子が、おもしろいです。
　春って、おもしろいですよ。

ブックトーク　4月

　さて、空を飛ぶのは鳥ばかりではありません。すいすいではありませんが、ふうわりふうわりと空を飛んでいく種があります。みんなも、フウーッと息をふきかけて飛ばしたことがあると思います。何でしょう。
▶綿毛が飛び立ってゆく絵のページを開く。
　そう、タンポポです。
▶表紙を見せる。

『たんぽぽ』

▶何ページか絵を見せ、200個の種の絵を見せる。
　春になると、タンポポはどんなふうにしてつぼみをつけ、花を咲かせていくのか、そして、種をどんなふうにつけていくか、その種はひとつの茎にいくつくらいついているのか、タンポポの秘密がいっぱい載っています。よく知っているつもりのタンポポの、まだ知らないことがいっぱいですよ。
　春って、不思議ですよ。

　タンポポの種をフウーッとふくと、パラシュートのように飛んでいきますね。タンポポを使って遊んだことはありますか。タンポポの花で、人形をつくったことはありますか。

『草花遊び図鑑』

▶表紙を見せ、6ページ、12ページなど、タンポポを使った遊びの紹介ページなどを見せる。
　「タンポポの指輪」「タンポポの茎の風車」「シロツメクサの花輪」など、春の草花を使った遊び方がいろいろ載っています。草花を見るだけでなく、とって、いろいろな遊びをしてみませんか。
　いろいろなことができて、春って、楽しいですよ。

　今日は、「春だよ！」というテーマで、春を楽しむ本を紹介しました。本を楽しみながら、春をたくさん楽しんでください。

4月 おすすめ本カード

テーマ｜春を楽しむ本

「春の野原にでかけよう！」

春です。春を感じるには、野原にでかけるのが一番。
いろいろな木や草が芽をだし、花を咲かせています。
命がかがやいています。
草つみをして草花の名前を調べたり、
お料理したり、いろいろな遊びをしたり…。
春の野原の楽しさをたくさん教えてくれる本を紹介します。
絵本を読んで、春の野原にでかけましょう！

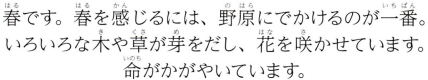

よもぎだんご

さとうわきこ：作／福音館書店／
1989年刊

『そうだ！ よもぎだんごをつくろう。』
ばばばあちゃんたちは
春の野原で草つみをします。
なずな、よめな、のびる、せり…。
春のかおりいっぱいの料理をつくります。
よもぎはゆでてすりつぶしたら、
白いおだんごにまぜて、よもぎだんご。
おいしそうです。
絵と説明でつくり方もよくわかります。
**春のにおいとおいしさ、楽しさが
いっぱいです。**

おすすめ本カード 4月

葉っぱのあかちゃん

冬芽から生まれたいろいろな葉っぱの赤ちゃん。形は小さくてかわいいけれど、しっかりとそれぞれの葉っぱの形をしています。生まれた姿、ぐんぐん成長していく姿に、命を感じます。

この絵本を読むと、実際に葉っぱの赤ちゃんを見たくなりますよ。外にでかけて、いっぱい葉っぱの赤ちゃんを見つけてください。

平野隆久：写真・文／岩崎書店／2008年刊

野の花えほん 春と夏の花

前田まゆみ：作／あすなろ書房／2009年刊

絵をたくさん入れて、野の花を説明しています。とくちょうや名前の由来、なかま、食べ方などものっています。れんげそうのページには、花輪のつくり方ものっています。名前も知らなかった野の花のこと、これ1冊で、くわしくなれます。実際に確かめるのも、読むのも楽しい絵本です。

コラム 1

おすすめ本カードをつくろう

取りだしたおすすめ本には、簡単な紹介文（ポップ）をそえると、どのような本かよくわかり、子どもたちも手に取りたくなります。

アーサー・ビナード：作／岡倉禎志：写真／童心社／ 2012年刊

『さがしています』

この絵本で紹介しているのは広島平和記念資料館の地下収蔵庫にある原爆資料2万1千点から選んだ14点です。**広島に原子爆弾が落とされたときだれかと共にいた物たち**です。原子爆弾のことをその姿で語る物たちです。

作者のアーサー・ビナードさんが**14の物たちの声を文字**にしました。今も何をさがしているのか聞いてください。

※作者アーサー・ビナードさんの「あとがき」を参考にして紹介内容を考えました。
この本は、選びだされた14の「物」がカタリベとなって語っています。タイトルだけではわからない「どのような本か」を紹介しました。

紹介文を書く

題名と紹介文を書きます。
　ブックトークと同様に、紹介する本はどんな本か、その本のよさ、おすすめポイントを書きます。絵本ならば、絵や写真のよさも紹介します。結末まで紹介しないで、「さあ、どうなるのだろう」と、読みたくなるように誘います。
　読み手をひきつけるキャッチコピーをつけてもいいですね。

書くときの注意ポイント

- 紹介する本を手元に置いて書きます。
  → 紹介する本のことをきちんと知っていなければ書けません。よく知っている本でも、内容を確かめながら書きます。
- ぱっと読めるように、できるだけ簡潔な文にします。
  → 文章量を少なくします。できるだけ一文も短くします。

紹介内容が思い浮かばないときは…

- もう一度、紹介本を見直します。
- 本の帯、裏表紙やカバーの袖、解説などにある本の紹介から、キーワードを見つけます。
- 思いついた紹介を、箇条書きに書きだしてみます。箇条書きを並べ直したり、つなぎ言葉を入れたりしていくと紹介文になっていきます。

カードにする

　パソコンで打ちこみ、プリントアウトするのが簡単で、記録としても蓄積できます。
　強調したい言葉のポイントを大きくしたり書体をかえたりして、目立たせることができます。変化をつけるのはキーワードに限定すると、すっきりします。改行することでも、活字が並ぶ単調さが解消されます。
　色をかえたり、色の線を引いたりして目立たせることもできます。最大3色くらいで色の使い分けを決めておくと、統一感があり、読みやすくなります。
　ポスターカラーなどを使い、手書きでつくれば親しみやすさがでます。どうしても文字が大きくなるので、文章量は限定されます。ていねいに、読みやすい字を書くことを心がけます。

書くときの注意ポイント

　言葉の途中で行がかわると読みにくいものです。ポスターを描くつもりで言葉の切れ目にも注意し、改行するなどして紹介文をレイアウトします。

展示紹介する

　パソコンでプリントアウトした紙は、厚紙にはってから切りぬいて、カードにします。
　ブックスタンドの前の部分におすすめ本カードをセロハンテープなどではり、本の表紙とカードが見えるようにして展示します。
　スタンドに紹介本の表紙の白黒コピーをラミネートした下敷きをはっておくと、本が借りられてなくなってしまっても、カードの紹介が生きて、展示として役立ちます。
　テーマのもと、何冊かの本を紹介すると効果的です。
　テーマを立て、何冊かの本の紹介文を1枚の用紙にまとめ、おすすめ本リーフレットとして配布することもできます。本の表紙写真、著者や出版社などの情報、分類番号と紹介文を載せます。

※ブックスタンドは、図書館用品のほか、ホームセンターなどで販売しているレシピスタンドやまな板スタンドなども活用できます。
写真は、ニトリの「まな板スタンド シングル」を使った紹介です。
おすすめ本カードもはりやすく、スチール製で丈夫です。しかも、とても安価です。

5月 ディスプレイ

テーマ｜友だちの本

「ともだち、なかまって いいね！」

新学年がはじまって1か月たちました。新しい学級にもなれ、新しい友だちもできたのではないでしょうか。そこで、友だちのよさを感じさせてくれる本、友だちって何だろうと考えさせる本を展示紹介しました。

5月5日はこどもの日です。ディスプレイには鯉のぼりを使い、ゆったりと泳がせました。

A

B

18

ディスプレイ　5月

用意するもの

☑ 鯉のぼり（市販品）
☑ 太めの針金　　☑ 画用紙
☑ ビニルテープ（黒、白）
☑ 色画用紙（黒、赤、青）
☑ 大きな折り紙
　（または大きめの金紙、銀紙）
☑ あき箱

つくり方

1 写真Ａは、大きな折り紙（100円ショップなどで販売）で、2、3種類のかぶとを折ります。
写真Ｂは、黒、赤、青の3色の色画用紙の重ね切りで、鯉のぼりを9枚切りぬきます。

2 パソコンでプリントアウトしたタイトルを画用紙にはり、段ボールの六角形ベース（43ページ参照）に巻きつけます。

3 ①でつくったものを段ボールの六角形ベースにはりつけます。

4 市販の鯉のぼりを組み立てます。
吹き流しは、先がばらばらにならないように、内側からセロハンテープなどでとめ、筒状にします。吹き流しや鯉が垂れ下がらないように、中に太い針金を通し、針金の先を90度に曲げて支柱にビニルテープで固定します。ビニルテープは支柱の色に合わせて、黒または白を使います。

5 段ボールの六角形ベースの中にあき箱を固定するなどし、これに鯉のぼりの支柱をつけて、鯉のぼりを立てます。

●展示紹介した主な本

- 『ベッシーによろしく』（花形みつる：作／山西ゲンイチ：絵／学研／2005年刊）
- 『だいあもんど』（長崎夏海：作／佐藤真紀子：絵／新日本出版社／1999年刊）
- 『びゅんびゅんごまがまわったら』（宮川ひろ：作／林明子：絵／童心社／1982年刊）
- 『教室はまちがうところだ』（蒔田晋治：作／長谷川知子：絵／子どもの未来社／2004年刊）
- 『チームふたり（2007年刊）』『チームあした（2008年刊）』（吉野万里子：作／宮尾和孝：絵／学研）
- 『新ちゃんがないた』（佐藤州男：作／長谷川集平：絵／文研出版／1986年刊）
- 『くりぃむパン』（濱野京子：作／黒須高嶺：絵／くもん出版／2012年刊）
- 『四年二組の花丸くん』（国松俊英：作／高橋透：絵／くもん出版／1991年刊）
- 『おしいれのぼうけん』（古田足日、田畑精一：作／童心社／1980年刊）
- 『けんかのきもち』（柴田愛子：文／伊藤秀男：絵／ポプラ社／2001年刊）
- 『ぼくらの青空通信』（田辺政美：作／広野瑞枝：絵／文研出版／1998年刊）
- 『ぼくじゃないよ　ジェイクだよ』（アニタ・ジェラーム：作・絵／常陸宮妃華子：訳／国土社／1997年）
- 『あのときすきになったよ』（薫くみこ：さく／飯野和好：え／教育画劇／1998年刊）
- 『みずいろのマフラー』（くすのきしげのり：ぶん／松成真理子：え／童心社／2011年刊）
- 『だるまちゃんとてんぐちゃん』（加古里子：さく・え／福音館書店／2008年刊）
- 『くまとやまねこ』（湯本香樹実：ぶん／酒井駒子：え／河出書房新社／2008年刊）
- 『ともだちや（1998年刊）』『きになるともだち（2008年刊）』（内田麟太郎：作／降矢なな：絵／偕成社）

ほか

5月 壁面ディスプレイ

テーマ｜友だちの本

「ともだちっていいね！」

目をひく大きな鯉のぼりの掲示です。
青と赤を基本色にして全体をまとめます。

- 家の物置にあった古い鯉のぼりを持ちだしました。子どもが成人してあげなくなった鯉のぼりは、職員の家に案外あるようです。大きな本物の鯉のぼりは、インパクトがあります。
- 本物の鯉のぼりがあるので、表紙コピーをはる台紙の鯉のぼりは、簡略な形でも合います。尾の部分に三角形の切りこみを入れ、切り取った部分をそのまま背びれとして裏側からはりました。
- 円の形を切りぬくには、サークルカッターがあると便利です。さまざまな大きさに、きれいに切りぬけます。
- 台紙の鯉のぼりの目は、金紙と黒画用紙を使いましたが、折り紙の金と黒などでもかまいません。

壁面ディスプレイ　5月

用意するもの
- ☑ 色画用紙（青、赤、黒）
- ☑ 金紙
- ☑ 鯉のぼり

つくり方

1. 表紙コピーは、青か赤の画用紙を台紙としてはります。
縦幅は表紙コピーと同じにカットし、左右には余白をあけます。

2. 黒画用紙と金紙を、サークルカッターなどで丸く切りぬきます。黒い紙のほうを金紙よりひとまわり小さく切りぬきます。金紙の上に黒画用紙をはり合わせ、鯉のぼりの目にします。

3. ①の左の余白に②の目をはります。右の余白は尾になるよう、三角形に切り取ります。切り取った三角形を背びれとして台紙の裏側からはります。

4. まず本物の鯉のぼりを画鋲ではります。次に、全体のバランスを見て、表紙コピーやタイトルをはります。

●展示紹介した主な本

- 『こぎつねコンとこだぬきポン』（松野正子：文／二俣英五郎：画／童心社／1977年刊）
- 『ともだちや（1998年刊）』『ありがとうともだち（2003年刊）』『きになるともだち（2008年刊）』（内田麟太郎：作／降矢なな：絵／偕成社）
- 『あのときすきになったよ』（薫くみこ：さく／飯野和好：え／教育画劇／1998年刊）
- 『11ぴきのねこ』（馬場のぼる：作／こぐま社／1967年刊）
- 『オオカミのともだち』（きむらゆういち：ぶん／田島征三：え／偕成社／2001年刊）
- 『けんかのきもち』（柴田愛子：文／伊藤秀男：絵／ポプラ社／2001年刊）
- 『てとてとてとて』（浜田桂子：さく／福音館書店／2008年刊）
- 『ともだちのしるしだよ』（カレン・リン・ウィリアムズ、カードラ・モハメッド:作／ダーグ・チャーカ:絵／小林葵:訳／岩崎書店／2009年刊）
- 『きみはほんとうにステキだね』（宮西達也：作・絵／ポプラ社／2004年刊）
- 『もりいちばんのおともだち』（ふくざわゆみこ：さく／福音館書店／2002年刊）
- 『ともだちからともだちへ』（アンソニー・フランス：さく／ティファニー・ビーク：え／木坂涼：やく／理論社／2003年刊）
- 『ぼくじゃないよ　ジェイクだよ』（アニタ・ジェラーム：作・絵／常陸宮妃華子：訳／国土社／1997年）

ほか

5月 ブックトーク

テーマ｜友だちの本

「ともだちって、なに？」

友だちって、何でしょう。よくわかっているつもりでも、その関係はいろいろで、改めて問われると困ってしまいます。いっしょに遊ぶ、いっしょに話すなどの関係から、さらに深く、友だちって何だろうと考えてみることも大切です。さまざまな友だち関係を描いた作品を読み重ねていくと、友だちの姿が読む人それぞれに浮かんできます。

時間：40分　対象：中学年

●選んだ本
① 『ふたりはともだち』（アーノルド・ローベル：作／三木卓：訳／文化出版局／1972年刊）
② 『うごいちゃだめ！』（エリカ・シルヴァマン：ぶん／S.D.シンドラー：え／せなあいこ：やく／アスラン書房／1996年刊）
③ 『あいつとぼく』（辻村ノリアキ：作／羽尻利門：絵／PHP研究所／2015年刊）
④ 『みずいろのマフラー』（くすのきしげのり：ぶん／松成真理子：え／童心社／2011年刊）
⑤ 『ともだちや』（内田麟太郎：作／降矢なな：絵／偕成社／1998年刊）
⑥ 『おともださにナリマ小』（たかどのほうこ：作／にしむらあつこ：絵／フレーベル館／2005年刊）
⑦ 『チャーリー・ブラウンなぜなんだい？ ともだちがおもい病気になったとき』（チャールズ・M・シュルツ：作／ポール・ニューマン：まえがき／細谷亮太：訳／岩崎書店／1991年刊）

▶表紙のがまくんとかえるくんを見せる。

　2年生のとき、国語でがまくんとかえるくんが登場する「おてがみ」の勉強をしましたね。ふたりはとても仲よしの友だちです。

『ふたりはともだち』

　この中に、「おてがみ」のお話も入っています。そのほかにも「はるがきた」「おはなし」「なくしたボタン」「すいえい」と、4つのがまくんとかえるくんのお話が入っています。
　ふたりは仲よしの友だちです。友だちって、何でしょうか。仲よしってことでしょうか。いつもいっしょにいるってことでしょうか。今日は、「ともだちって、なに？」というテーマで、いろいろな友だちが登場する本を紹介します。いろいろな友だちの本を読むと、友だちのことがよくわかってきますよ。

ブックトーク　5月

▶表紙を見せる。

『うごいちゃだめ！』

この２羽も友だちです。アヒルとガチョウです。
どちらが泳ぐのが速いか、どちらが高く飛べるか競争します。そして、決着がつかないので、「うごいたらまけ」競争をはじめます。そうすると…、がまん、がまん。
そして、キツネがやって来ます。
▶「がまん、がまん」のところで、ハチが来たりウサギが来たりするページの絵を見せる。
うわぁ、動かないの？　どうなる？　食べられちゃうの？
ずいぶん意地っぱりな友だちですが、いったいどうなるのでしょう。

『あいつとぼく』

▶表紙を見せる。
　こちらのふたりは友だちでしょうか。何か、あまりにもタイプが違う気がします。
　最初のページには、「ぼくは、あいつがすきじゃない。」とあります。
▶表紙の絵で、「ぼく」と「あいつ」をさし示す。
　ぼくはあいつのことを、
「いっつもいばってるし、らんぼうだし、じぶんかってだし、それに　かおが　なんか　おっかないんだ。」
って、思っています。ずいぶんいろんなことを思っていますね。
　「ぼく」は、おとなしくて気が弱そうですね。「あいつ」なんていってるのは、近よりがたくて、はなれて見ているしょうこです。話もできませんね。
　さぁ、それが、運動会の２人３脚で、よりによって、ふたり組を組むことになってしまいました…。
▶4、5ページと6、7ページを開いて見せる。
　好きじゃない、気が合いそうにないふたりは、どうなるのでしょうか。

5月 ブックトーク

強い子と弱い子、こちらもそんな力関係がありそうです。

『みずいろのマフラー』

▶2〜9ページを読みきかせる。

「ぼくらのクラスにヨースケがてんこうしてきたのは、なつやすみがおわってからのことだった…。」

帰り道がいっしょのシンイチとヤンチはヨースケといっしょに帰るようになって、いっしょに遊ぶようになります。そのうちに、シンイチとヤンチがいやな役をヨースケに押しつけるようになります。ヨースケはちょっと困ったような顔をしながら、いうとおりにします…。

いやな役を押しつけて、いっしょにいる。これは、仲がいいのでしょうか。友だちなのでしょうか。このあと、3人の関係はどうかわっていくのでしょうか。

同じ作者に『ライジング父サン』(フレーベル館)という物語があります。5年生になったシンイチが主人公です。お父さんが病気でたおれ、なやみ苦しむシンイチを、ヤンチやヨースケたちが友だちとして支えます。こちらもおすすめです。

友だちになるきっかけはいろいろですね。

『ともだちや』

▶表紙の絵を見せる。

「ともだちや」という商売をして、1時間百円で友だちになろうとしているキツネが山の森の中にいます。そのキツネをよびとめる声が聞こえます…。

友だちって、お金をもらって商売でやるものなのかなぁ。キツネ、大丈夫かな。どうなってしまうのかな。

ブックトーク 5月

『おともださにナリマ小』

▶本の題名はいわないで、手紙を大きく書いた紙を提示する。

山の中に、子どもが15人しかいない小さな小学校があります。ハルオは、その小学校の1年生です。その小学校の友だちひとりひとりにへんな手紙が来ました。
「おともださにナリマ小。木ミニ二田もノヨリ」
読めますか。「おともだちになりましょう。きみににたものより」と書いてあります。
だれが、何のために書いたのでしょう。ハルオだけは、その秘密を知っていました。15人の子どもたちと友だちになりたがっているのはだれでしょう。心を通い合わせたい気持ちは、だれもがもっているのではないでしょうか。

心を通い合わせたい気持ちをもっていても、それをもちつづけるのはたいへんです。

『チャーリー・ブラウンなぜなんだい？ともだちがおもい病気になったとき』

▶表紙を見せる。

もしも、仲のよい友だちが重い病気になってしまったら、どうしたらいいのでしょうか。重い病気になると、いろいろなことが起こります。いろいろなことをいいだす人がいます。友だちだったら、どうしたらいいのでしょう。

▶表紙の絵を指してだれかを紹介する。

これがチャーリー・ブラウンです。これがライナス。そしてこれが白血病という血液のガンになってしまった友だちのジャニスです。スヌーピーがお医者さんのかっこうをしてまぎれこんでいます。友だちって、何だろう。いろいろなことを考えさせてくれるスヌーピーの絵本です。

友だちって、何でしょうね。友だちって何か、いろいろなことがわかる本です。ぜひ、いろいろ読んでみてください。

25

5月 おすすめ本カード

テーマ｜友だちの本

「ともだちといっしょに」

友だちといっしょだと
楽しいことがいっぱいふくらみます。
いっしょに仲よくいるためには
いっしょに楽しむためには
どうしたらいいのでしょうか？
友だちといっしょが楽しくなる、うれしくなる
そんな絵本を紹介します。

さかさのこもりくん

あきやまただし：作・絵／
教育画劇／2006年刊

こもりくんはコウモリの子。
いつもさかさにぶらさがっています。
話すことも全部さかさまです。
「ああ、おなかいっぱい…」は
本当は「おなかへった～」です。
こもりくんは くまくんと
仲よしになりました。
「明日もいっしょに遊びたい！」
この気持ちを伝えるために
こもりくんはどうするのでしょう？
こもりくん、ステキです！

おすすめ本カード 5月

いっしょなら もっといい

ひとりでも遊べます。でも、ふたりなら、もっともっといろいろなことができます。ブランコだって、おみせやさんごっこだって、おにごっこだって…。ふたり、3人、4人、もっとふえたら、もっと楽しくなります。友だちといっしょだと楽しくなることがいっぱいあると感じさせてくれる絵本です。

ルイス・スロボドキン：作／
木坂涼：訳／偕成社／2011年刊

けんかのきもち

ぼくの一番の友だちはこうた。でも、すっごいけんかをした。泣いた。くやしかった…。けんかの気持ちをどうするか、これがまたむずかしいものです。ちっとやそっとではおさまりません。
みとめた相手だからこそ、けんかをします。思いきりけんかをします。そして、仲よくなります。でも、今度はきっと…！

柴田愛子：文／伊藤秀男：絵／
ポプラ社／2001年刊

6月 ディスプレイ

テーマ｜雨を楽しむ本

「雨をたのしもう！」

6月は梅雨に入り、雨の日が多くなります。外にでられないことを嘆いていてもしかたありません。雨の季節だからこそ、雨を楽しむ本をたくさん集めて展示紹介しました。

ディスプレイは、雨傘と色鮮やかに咲くアジサイです。雨傘の先からしずくを垂らして、雨を表しました。

ディスプレイ　6月

用意するもの
- ☑ ビニール雨傘（青）
- ☑ 下敷きや不用になったファイルの表紙など、ビニル系の青い板
- ☑ 釣り糸
- ☑ レザック紙（緑、黄緑）
- ☑ 色画用紙（緑）
- ☑ 折り紙（青、紫）
- ☑ マップピン（小）
- ☑ 発泡スチロールの球または半球

つくり方

1. ギザギザ刃のハサミでふたつ折りのレザック紙を切りぬき、折り目をつけて、アジサイの葉をつくります。緑と黄緑のレザック紙で、2色の葉をつくります。

2. 4cm四方くらいの小さな折り紙を4つに折り、波刃のハサミで折り紙の角を落とすように切り、アジサイの小さな花（ガク）をたくさんつくります。発泡スチロールの半球か球をふたつ割りにしたものに、小さなアジサイの花をマップピンでとめておおいつくし、アジサイの花をつくります（31ページ参照）。
   ※『花の紙工作 フラワークラフト』（島田明美：著／フレーベル館／1995年刊）参照。

3. 緑色の色画用紙を段ボールの六角形ベース（43ページ参照）に巻きつけます。
   パソコンでプリントアウトしたタイトル、アジサイの花と葉を画用紙にはりつけます。

4. ビニル系の青い板をしずくの形に切りぬき、先端に穴をあけて釣り糸を通し、ビニール雨傘の骨の先に結びつけます。

5. 開いたビニール雨傘を段ボールの六角形ベースの中に立て、固定します。

●展示紹介した主な本

- 『あめふり』（さとうわきこ：作・絵／福音館書店／1987年刊）
- 『あまがさ』（やしまたろう：作／福音館書店／1963年刊）
- 『おじさんのかさ』（佐野洋子：作・絵／講談社／1992年刊）
- 『あらしのよるに（1994年刊）』『どしゃぶりのひに（2000年刊）』（木村裕一：作／あべ弘士：絵／講談社）
- 『あめふりくまのこ』（鶴見正夫：詩／鈴木康司：絵／国土社／2002年刊）
- 『しずくのぼうけん』（マリア・テルリコフスカ：さく／ポフダン・ブテンコ：え／うちだりさこ：やく／福音館書店／1969年刊）
- 『ヨンイのビニールがさ』（ユン ドンジェ：作／キム ジェホン：絵／ピョン キジャ：訳／岩崎書店／1963年刊）
- 『ぞうくんのあめふりさんぽ』（なかのひろたか：作・絵／福音館書店／2006年刊）

ほか

6月 壁面ディスプレイ

テーマ｜雨を楽しむ本

「雨をたのしもう！」

雨とアジサイの花を配置した掲示です。色は青と緑で全体をまとめます。

ここがポイント

- ひとつのアジサイには同じ色の折り紙を使います。同じ青系統で、水色、青、青紫などと色をかえてつくると、掲示したときに変化がでてきれいです。
- 葉っぱは折り目を入れます。また、葉の先や周囲を浮かすように、糊づけや画鋲での固定は一部分にします。立体感がでます。
- アジサイをはるとき、画鋲はできるだけ葉っぱの重なりの下にさして画鋲が見えないようにするときれいです。
- 雨の紙テープは青と水色の2色を使い、ランダムに色をかえてはります。雨にも立体感がでます。

壁面ディスプレイ 6月

用意するもの

- ☑ 紙テープ（青、水色）
- ☑ レザック紙（緑、黄緑）
- ☑ 色画用紙（緑）
- ☑ 発泡スチロールの球または半球
- ☑ 折り紙
  ※4cm四方くらいの折り鶴用が便利。なければ単色の折り紙を切ります。
- ☑ マップピン
  ※クリーム色などの小さなカラー釘でも可。

つくり方

1. アジサイの花と葉をつくります（29ページ参照）。
2. 花を囲むように、葉を糊ではりつけます。
3. 緑の色画用紙を台紙にして、表紙コピーをはります。葉っぱの残りをふちに飾ります。
4. 掲示板の上から下へ、青と水色の紙テープをはり、雨を表現します。
5. バランスを考えて、タイトル、表紙コピー、アジサイを画鋲で掲示板にはっていきます。全体の配置を見て、アジサイの葉をつけたします。

◀発泡スチロールの半球を使うことで、立体感のあるアジサイがつくれる。発泡スチロールをおおいつくすように、折り紙の小さな花を周囲から真ん中へとつけていく

●展示紹介した主な本

- 『おじさんのかさ』（佐野洋子：作・絵／講談社／1992年刊）
- 『ヨンイのビニールがさ』（ユン ドンジェ：作／キム ジェホン：絵／ピョン キジャ：訳／岩崎書店／1963年刊）
- 『ぞうくんのあめふりさんぽ』（なかのひろたか：作・絵／福音館書店／2006年刊）
- 『カミナリこぞうがふってきた』（シゲリ・カツヒコ：作／ポプラ社／2010年刊）
- 『くもりのちはれ せんたくかあちゃん』（さとうわきこ：さく・え／福音館書店／2012年刊）
- 『しずくのぼうけん』（マリア・テルリコフスカ：さく／ボフダン・プテンコ：え／うちだりさこ：やく／福音館書店／1969年刊）
- 『くものかたち』（フランスワ・ダヴィッド：文／マルク・ソラル：写真／わかぎえふ：訳／ブロンズ新社／2000年刊）
- 『雨のにおい星の声』（赤座憲久：ぶん／鈴木義治：え／小峰書店／1987年刊）
- 『あめのもりのおくりもの』（ふくざわゆみこ：さく／福音館書店／2006年刊）
- 『みずいろのながぐつ』（もりひさし：作／にしまきかやこ：絵／金の星社／1981年刊）

ほか

テーマ｜雨を楽しむ本

「雨をたのしもう！」

梅雨に入って、雨が降り続くときに、外にでられないことを嘆いてばかりいてもしかたありません。雨ならば雨を楽しもうと、雨の楽しみがある本を紹介します。

時間：40分　対象：中学年

▶『あまがさ』の読みきかせ（約7分）をする。

　雨の季節になりました。雨が続くと外で遊べなくて残念ですね。でも、残念なことばかりではありません。
　今日は、「雨をたのしもう！」というテーマで雨が楽しくなる本を紹介します。

『あまがさ』

　『あまがさ』の桃のように、雨を待って、楽しむこともできるのです。
　お話で、雨を楽しんでみましょう。

●選んだ本
①『あまがさ』（やしまたろう：作／福音館書店／1963年刊）
②『おじさんのかさ』（佐野洋子：作・絵／講談社／1992年刊）
③『ふるやのもり』（瀬田貞二：再話／田島征三：絵／福音館書店／1969年刊）
④『あらしのよるに』（木村裕一：作／あべ弘士：絵／講談社／1994年刊）
⑤『あしたのてんきは　はれ？　くもり？　あめ？』（野坂勇作：作／根本順吉：監修／福音館書店／1993年刊）
⑥『にじ』（さくらいじゅんじ：文／いせひでこ：絵／福音館書店／1998年刊）

ブックトーク 6月

このおじさんも傘を持っています。

『おじさんのかさ』

▶表紙を見せる。
　立派な傘です。とても大事にしています。どんなに大事にしているかというと、こんなふうです。
▶最初の部分（1〜9ページ）を読みきかせる。
　大事に、大事にして、傘をぬらさない、傘を開かない…。あれ？　傘って、何に使うものでしたでしょうか？
　このおじさん、ずっとこのままなのでしょうか。
　さて、このおじさんはこの傘をどうするのでしょうか。
　最後の、おくさんの言葉がとってもおもしろいですよ。

さて、おじさんが年を取るとおじいさんになりますね。今度は、おじいさんとおばあさんが登場します。

『ふるやのもり』

▶6、7ページを開いて話す。
　雨の降る晩、おじいさんとおばあさんが、「こんなばんに、どろぼうでもきたら、こわいなあ。」「一番こわいのはおおかみだ。」と話していました。
　実は、この家の子馬を盗もうと、馬どろぼうがはりの上にかくれていたのです。そして、オオカミが子馬をとって食べようと、土間のわらの中にかくれていたのです。
　ところが、おじいさんとおばあさんは「この世で一番こわいものは、ふるやのもりだ。」といいだしました。「ふるやのもり」って、何でしょう？　馬どろぼうもオオカミも、ふるえるほどこわくなってしまいます。すると、「ふるやのもり」が……。
　さあ、雨の降る晩、村はずれの一軒の家の中で、おじいさんとおばあさんと子馬、そして馬どろぼうとオオカミ、どうなってしまうのでしょうか。

6月 ブックトーク

同じく雨の夜、一軒の家の中ではじまるお話です。今度は、オオカミとヤギが登場します。

『あらしのよるに』

雨がごうごうとたたきつけてくるあらしの晩、壊れかけた小さな小屋に、ヤギとオオカミが避難してきます。
▶ヤギとオオカミが向き合う絵を見せる。
真っ暗闇の中で、相手がだれなのかわからないまま出会い、話しはじめます。ヤギは、相手はヤギだと思っています。オオカミは、相手はオオカミだと思っています。オオカミはヤギの肉が大好物。しかも、ふたりともはらぺこで、おなかが「ぐぅ〜」となっています。
▶いなずまが光った場面を見せる。
突然いなずまが光り、小屋の中が明るくなります。
▶「ぴかっ そのとき、ちかくでいなずまがひかり、こやのなかが ひるまのように うつしだされた。」を読む。
▶「ガラガラガラ〜！」ものすごい雷の音の場面を見せる。
ものすごい雷の音に、思わず体をよせあってしまいます。
うわっ！ このふたり、どうなるんでしょうか？

突然、雨に降られたり、あらしになってしまったら困りますね。明日の天気って、わかるのでしょうか。

『あしたのてんきは はれ？ くもり？ あめ？』

▶最初のページを見せる。
「あしたのてんきをあてるなら、くもをよくみてごらん。おひさまやかぜのむきを、よくみてごらん。」と最初に書いてあります。
▶「うろこぐもがひろがるとあめ」のページを見せる。
「ゆうやけははれ」だそうです。なぜかな。
「うろこぐもがひろがるとあめ」だそうです。なぜかな。
お天気があてられるようになったらいいですね。この本を読んでみてください。

ブックトーク　6月

さて、最後はこの本です。

『にじ』

▶2〜3ページの虹の絵を見せる。

雨が上がると、虹がでることがありますね。なぜか、うれしくなりますね。虹も、雨の楽しみのひとつです。

虹の色って、どんな色かな？　いろいろなところから見たら、虹って、どう見えるのでしょう？

「おーい、にじをつくってみるぞ！」えっ？　虹って、つくれるの？

いろいろな虹の秘密がわかります。虹をたくさん楽しんでみてください。

雨にもいろいろな楽しみがあります。みなさんもぜひ、いろいろな本を読んで、雨をたくさん楽しんでみてください。

6月 おすすめ本カード

テーマ｜雨を楽しむ本

「あらしが来て…」

強い雨風のあらし
きっと、何か思いがけないことが起こります。
あらしの中で、そしてあらしがさったあとでも。

あらしをきっかけに起きるお話を紹介します。
頭の中いっぱいにお話の世界を思い描いて
楽しんでください。

あらしのよるに

あらしの夜
真っ暗な小屋で出会ったふたり
オオカミとヤギ。
かぜひきで鼻もきかない、何も見えない。
おたがいが　自分と同じオオカミ、自分と
同じヤギと思いこんだまま話をし、気があ
うふたり。
おなかがすいている…。
とつぜんのカミナリに
まばゆく照らされたり
思わず体をよせあったり…。
どうなる！　このふたり!!

木村裕一：作／あべ弘士：絵／
講談社／1994年刊

おすすめ本カード 6月

大あらし

大あらしがやってきました。あらしがすぎると、デイヴィッドとジョージの家のニレの大木がたおれていました。たおれた大木の生い茂った枝はまるでジャングルです。サファリごっこがはじまりました。次に大木は帆船になり、宇宙船になり、ふたりにとって特別な場所になりました…。

デイヴィッド・ウィーズナー：作／江國香織：訳／BL出版／1995年刊

ノアの箱舟

リスベート・ツヴェルガー：絵／ハインツ・ヤーニッシュ：文／池田香代子：訳／BL出版／2011年刊

心の正しいノアは、神様のお告げにより、大きな箱舟をつくりました。箱舟にはありとあらゆる生き物のオスとメスが1匹ずつと、ノアの家族が乗りました。すると、激しい雨が降りはじめ、40日と40夜続きました…。旧約聖書にあるお話が、美しい絵本になりました。

6月 おすすめ本カード

テーマ｜虫歯予防デーの本

「虫歯、だめ！」

6月は虫歯予防週間があります。
虫歯はありませんか？
歯がいたくなったこと、ありませんか？
「歯をしっかりみがきなさい」といわれませんか？

なぜ、虫歯になるのでしょう？
この機会に歯のことを、よーく知っておきましょう。

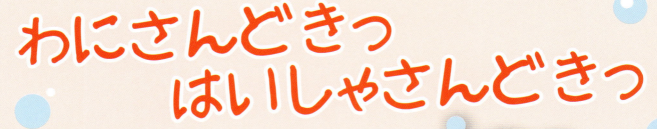

虫歯のわにさんは　しかたなく
歯医者さんに行きました。
わにさんは
歯医者さんの持ち物を見て、どきっ。
歯医者さんは
こわそうなわにさんを見て、どきっ。
わにさんも、歯医者さんも
同じ言葉をいいながらお話は進みます。
同じことをいっていてもちがう
それぞれの気持ちは、
絵を見れば、よくわかります。

五味太郎：作・絵／偕成社／1984年刊

38

おすすめ本カード **6月**

口を大きくあけて
歯の学校はこちらです

口の中の学校、生徒は32人の永久歯たちです。「歯のなりたち」「乳歯について」「歯の役割」「虫歯」そして「歯の歴史について」の勉強をします。中には「虫歯への道」なんていうページもあります。生徒の32人の永久歯たちが、絵の中にとても楽しくにぎやかに登場します。歯についての疑問が楽しく解決できます。

ローリー・ケラー：作／木坂涼：訳／
講談社／2002年刊

むし歯のもんだい

「むし歯のバイ菌は小学生の歯がだいすき」と、表紙に書いてあります。どういうことでしょう？「むし歯って、どうしてできるのかなあ？」「むし歯のない子って、いるのかなあ？」 みんなの質問に、歯医者の北川原健先生が、やさしく答えてくれます。きちんと理由を説明してくれるので、なっとく！

北川原健・柳生弦一郎：著／
福音館書店／1997年刊

指 導 者 の 方 へ

本を展示・掲示しよう！

展示の計画を立てる

年間の展示計画をおおまかにでも立てておくと、準備が進めやすくなります。ひとつだけでなく、できそうなものを書きだしておくと、子どもたちの必要感や学校行事などによる臨機応変な変更も可能ですし、次年度の計画も立てやすくなります。

学校図書館の展示は、基本的に月がわりです。ぱっと切りかわることが子どもたちの興味をひきます。力を入れてディスプレイをつくると惜しむ気持ちがでますが、それはつくった側の意識。切りかえます。よくできたディスプレイは、少し手を加えて翌年使うとか、近隣の学校で使ってもらうなど、活用方法はいろいろあります。

夏休みがある7、8月は「夏休みを楽しむ本」、クリスマスが楽しみな12月は「クリスマスの本」、読書月間を決めている学校では、読書月間の月は「先生方がすすめる本」など、いつも決まったテーマという定番展示の月があってもよいでしょう。12月のクリスマスディスプレイは同じものが使えます。毎年ひとつ新しいものを加えていけば、年々充実していきます。年度末年度はじめの3月と4月はどうしても多忙で同じテーマで通してしまった…。そんなことがあってもよいと思います。

テーマを決める際には、季節感を大切にしたいと思います。学校の授業や活動は季節に合わせて進められます。季節の移りかわりやよさは、子どもたちにも感じてもらいたいことです。学習の年間指導計画などもテーマづくりの参考になります。

テーマを決めてどんな本が並べられるか下調べしてみると、テーマによっては思いのほか本がそろわないことがあります。また、あるべき本がないとわかることもあります。早めの準備で、補充ができます。

スポットをあててリストアップすると、ある本、ない本、ほしい本がくっきりと浮かび上がります。蔵書を見直すチャンスです。

このテーマ別のリストは、ファイリングしておくと学習にも役立ちます。展示に際してもリストをつくり蓄積していくことは、学校図書館として大切な活動です。

指　導　者　の　方　へ　　　職　員　室　で　の　本　の　紹　介

　このリストや展示紹介から、ブックトークを考えることができます。
　ブックトークは、テーマを決め、そのテーマにそったさまざまな種類の本から数冊を選ん
で、話をつなげながら紹介していくものです。まさに、この展示紹介とぴったり重なります。
テーマのもとに集めた本を並べていると、アイデアが浮かんできます。

月	展示・掲示のテーマ		本書で紹介している ブックトークテーマ
	本書で紹介しているテーマ	その他のテーマ	
4月	・春を楽しむ本	・学校が登場する本 ・花の本　など	・春を楽しむ本
5月	・友だちの本	・世界の子どもたちの本 ・スポーツの本　など	・友だちの本
6月	・雨を楽しむ本	・虫歯予防デーの本 ・世界の国々の本 ・いろいろな国の物語　など	・雨を楽しむ本
7・8月	・夏休みに使える、読みたい本 ・夏の本	・課題図書 ・星の本　など	・夏の本 ・戦争の本
9月	・科学の本 ・虫の本	・おじいさん、おばあさんの本 ・ミステリーの本 ・お月さまの本　など	・おじいさん、おばあさんの本
10月	・秋の読書月間の本 ・くだものや野菜の本	・音楽を楽しむ本 ・ハロウィーンの本　など	・食べることを考える本
11月	・冒険の本 ・昔話の本	・秋を楽しむ本　など	・冒険の本
12月	・クリスマスと冬の本	・雪と氷の本　など	・冬を楽しむ本
1月	・落語の本 ・レオ・レオニの本 ・干支のさると冬の本	・ことばあそびの本　など	・落語の本
2月	・詩の本 ・オニの本	・富士山の本 ・からだの本　など	・オニの本
3月	・伝記、ノンフィクションの本	・図書館を楽しむ本 ・卒業生に贈る本　など	・防災の本
その他	・作家特集（宮沢賢治の本、ロアルド・ダールの本　など） ・シリーズ本特集（「のはらうた」を楽しもう！　など） ・新しく入った本　など		

41

展示台（ディスプレイ）

　学校図書館に展示台（ディスプレイ）を置きます。展示台は、テーマのもとに集めた本を、表紙を見せて並べられる台です。学校図書館に入ってすぐの場所に置くのが、一番目につき最適です。

　写真の展示台は、学校で使われなくなっていた丸テーブル（半円のテーブルふたつにわかれるもの）を見つけ、その上に用務員さんにつくってもらった六角形の木製台を組み合わせています。木製台の側面は本が倒れないように斜めになっており、本を2段に置けるよう、横の桟が2本、下と中ほどについています。桟と桟の間隔は、大きな絵本が置けるくらいの間隔です。上の段に置く本は、台の上部にはみだしてもかまいません。展示台を六角形にしたのは、丸テーブルに合わせ、ぐるりとまわるたくさんの面で、表紙を見せて本を紹介したいためです。

　テーブル部分には布をかけました。テーブル下にはいろいろな材料がしまってあります。

　長方形のテーブルならば、板2枚を斜めに背中合わせにした展示台を置いたり、ポートボールの台のような箱形の展示台を置いたりと、さまざまな工夫ができそうです。すのこ状の板を使い、隙間に本を置く板をはめこむようにすると、本を置く場所がいろいろにかえられ、展示のバリエーションが増す台がつくれます。

　要は、こんな本があるんだよと、表紙を見せていろいろな本が並べられる常設の台をつくるということです。

指導者の方へ　職員室での本の紹介

飾りのベースをつくる

　展示する本は展示台の側面とテーブルの上に置き、展示台の上部には季節を感じさせる飾り（ディスプレイ）を置くと、より目をひき、楽しくなります。

≪段ボールの六角形ベース≫
Ｂ４用紙の段ボール箱ふたつでつくった六角形の箱
飾りをつけていない状態

　飾り方は多様ですが、上右写真のように、展示台に合わせた六角形の段ボール製の箱をベースとして用意しておき、そのまわりをはりかえるようにすると簡単です。これは、Ｂ４用紙が入っていた段ボール箱ふたつを使ってつくりました。六角形の形がかわらないように上蓋は固定されていますが、真ん中には穴があいています。下蓋は外に折り返してあり、この部分に画鋲をさして展示台の上に固定します。

　段ボールの六角形ベースに色画用紙を巻きつけ、展示のタイトルや飾りをはりつけます。展示が終われば、巻きつけた色画用紙ごと飾りをはがし、段ボールの六角形ベースは飾りのベースとしてまた利用します。

　段ボールの六角形ベースの中に発泡スチロールをしこんで、これにピアノ線や竹ひごを差したり、プラスチックのバケツを固定して水を入れ、花を生けたりするなど、使い方は多様です。固定した棒の先に傘や旗、鯉のぼりを立てることもできます。

　展示台の場合、飾りは一面でなく、ぐるりと周囲をまわって見るものになります。上左写真のように、アジサイの花や葉を浮きだすようにはったりビニール傘の実物を乗せたりするなど、立体的な工作物にすることが効果的です。

43

12月の飾りにはクリスマスツリー(第3巻 32ページ参照)がぴったりです。段ボールの六角形ベースは基本の形として使いますが、そのほかにも、展示内容に合わせていろいろな工作物を飾ることができます。

　飾りは目をひきます。ポイントは、展示紹介する本のテーマや季節に合わせるということです。はじめから大きなものに取り組まなくても、紹介本のテーマや季節感を表すものを何かひとつ置くだけでも効果は上がります。楽しもうと工夫することがスタートです。

　なお、大きな工作物を展示台の上に置く場合は、家具に使う耐震ゴムを使うと、しっかりと固定できて安全です。

　季節を感じさせる飾りは安価な100円ショップの市販品などもありますが、実際に使ってみると紙でつくったものの方がしっくりと落ち着きます。実際よりも大きめにつくった方がよいこと、デザイン化した形や色の方が合うことなど、理由はいろいろです。市販品を使う場合は、必要な一部にとどめた方がなじみます。

　紙は発色がよいものがよく、色画用紙や折り紙のほか、レザック紙も合います。障子紙のあまりなども表面がコーティングされて艶があり、絵の具で彩色すると思い思いの色がつくれます。同じものをつくる場合は、4、5枚重ねた紙の上に型紙をホッチキスどめして重ね切りします。大量につくる場合は、型紙をコピーして使います。

掲示板（壁面ディスプレイ）

　掲示板(壁面ディスプレイ)にはさまざまな大きさや形があります。設置場所によっても、はたらきは異なります。

　次ページ写真左は、学校図書館横のホールに置かれた絵本コーナーです。壁面いっぱいに掲示板があります。横幅は4メートルあまりもあります。大きく、動きのある掲示ができるスペースです。絵本コーナーの雰囲気をつくりだす役割も果たしています。

　次ページ写真右は、学校図書館入り口横の壁面につけた、90センチメートル幅の、すのこ状の掲示板です。出入り口の扉1枚分です。限られたスペースですが、季節感を盛りこむと、目をひき、楽しんでもらえる掲示板になります。

　掲示板の場合も、季節感を大事にし、紹介する本も合わせて、掲示内容を考えます。平面ですので、掲示物に何かしら立体感をもたせる工夫をすると、広いスペースも単調で

指導者の方へ　職員室での本の紹介

『へっこきあねさがよめにきて』（大川悦生：文／大田大八：絵／ポプラ社）／『さるかに』（松谷みよ子：文／滝平二郎：絵／岩崎書店）／『やまなしもぎ』（平野直：再話／大田大八：画／福音館書店）／『つるにょうぼう』（矢川澄子：再話／赤羽末吉：画／福音館書店）／『くわずにょうぼう』（稲田和子：再話／赤羽末吉：画／福音館書店）／『うまかたやまんば』（おざわとしお：再話／赤羽末吉：画／福音館書店）／『ちからたろう』（今江祥智：文／田島征三：絵／ポプラ社）／『だいくとおにろく』（松居直：再話／赤羽末吉：画／福音館書店）／『こしおれすずめ』（いわさききょうこ：ぶん／たしろさんぜん：え／国土社）／『あたまにかきのき』（望月新三郎：作／赤坂三好：絵／フレーベル館）／『かもとりごんべい』（大石真：文／井上洋介：絵／フレーベル館）／『ねずみじょうど』（瀬田貞二：再話／丸木位里：画／福音館書店）／『かさじぞう』（瀬田貞二：再話／赤羽末吉：画／福音館書店）／『いっすんぼうし』（大川悦生：文／遠藤てるよ：絵／ポプラ社）

なくなります。

　大きな壁面を考えるとき、動きを意識しました。日本に古くから伝わる屏風の絵には、デザイン性と動きが凝縮されているように思います。6月のアジサイの花の並び、9月のススキの草むらの並び、花や葉の流れなど、屏風と同じように何かしら動きがでるように意識していくと、画面がつくりやすくなりました。

　掲示板で紹介する本は、学校図書館の中で場所を決めて、すぐ手に取れるようにしておきます。ホールの掲示板（写真上左）は、掲示板の下、絵本書架の上に小さな展示書架が乗っており、ここに並べています。

　小さな掲示板は、限られたスペースにさまざまな内容をつめこむことになります。大きな掲示板の例を参考に、よい部分をぬき取って構成すると凝縮した掲示ができ上がります。

　まずは、チャレンジです。

さくいん

あ
あいつとぼく …………………………………… 23
あしたのてんきは　はれ？　くもり？　あめ？………… 34
あたまにかきのき …………………………… 45
あのときすきになったよ ………………… 19,21
あまがさ ……………………………………… 29,32
雨のにおい星の声 …………………………… 31
あめのもりのおくりもの ………………… 31
あめふり ……………………………………… 29
あめふりくまのこ ………………………… 29
あらしのよるに …………………… 29,34,36
ありがとうともだち ……………………… 21
いっしょならもっといい ………………… 27
いっすんぼうし …………………………… 45
うごいちゃだめ！………………………… 23
うまかたやまんば ………………………… 45
大あらし ……………………………………… 37
オオカミのともだち ……………………… 21
おしいれのぼうけん ……………………… 19
おじさんのかさ ………………… 29,31,33
おともださにナリマ小 …………………… 25
「おもしろくてやくにたつ 子どもの伝記」シリーズ…… 42

か
かさじぞう …………………………………… 45
カミナリこぞうがふってきた …………… 31
かもとりごんべい ………………………… 45
きになるともだち ………………… 19,21
きみはほんとうにステキだね …………… 21
教室はまちがうところだ ………………… 19
草花遊び図鑑…………………………………7,13
口を大きくあけて ………………………… 39
くまとやまねこ …………………………… 19
くものかたち ……………………………… 31
くもりのちはれ　せんたくかあちゃん ………… 31
くりぃむパン ……………………………… 19
ぐりとぐら ………………………………… 9

ぐりとぐらのえんそく……………………… 9
くわずにょうぼう ………………………… 45
けんかのきもち ………………… 19,21,27
校外学習に役立つ みぢかな飼育と栽培　タンポポ…… 7,9
こぎつねコンとこだぬきポン …………… 21
こしおれすずめ …………………………… 45

さ
さかさのこもりくん ……………………… 26
さがしています …………………………… 16
さるかに …………………………………… 45
しずくのぼうけん ………………… 29,31
11ぴきのねこ……………………………… 21
14ひきのピクニック ……………………… 9
新装版 科学のアルバム　テントウムシ … 7
新装版 科学のアルバム　モンシロチョウ ………… 7
新装版 のはらの村のものがたり　春のピクニック……… 7
新ちゃんがないた ………………………… 19
ぞうくんのあめふりさんぽ ……………… 29,31

た
だいあもんど ……………………………… 19
だいくとおにろく ………………………… 45
だって春だもん ……………………………7,10
たねいっぱい　わらったね ……………… 7
だるまちゃんとてんぐちゃん ……………… 19
たんぽぽ (荒井真紀：文・絵) ……………7,13
たんぽぽ (平山和子：ぶん・え／北村四郎：監修) ………… 9
チームあした ……………………………… 19
チームふたり ……………………………… 19
ちからたろう ……………………………… 45
チャーリー・ブラウンなぜなんだい？
　　ともだちがおもい病気になったとき…………… 25
ツバメ観察記 ……………………………… 12
つるにょうぼう …………………………… 45
てとてとてとて …………………………… 21
「伝記 世界を変えた人々」シリーズ……………… 42

どしゃぶりのひに	29
ともだちからともだちへ	21
ともだちのしるしだよ	21
ともだちや	19,21,24

な
にじ	35
にゃーご	9
ねずみじょうど	45
ノアの箱舟	37
野の花えほん	15
のはらクラブのこどもたち	7,11
のはらのずかん	7

は
葉っぱのあかちゃん	11,15
はなをくんくん	9
はらぺこあおむし	9
はるだ!! もんね	7
はるのやまはザワザワ	9
はるはゆらゆら	9
びゅんびゅんごまがまわったら	19
ファーブル昆虫記の虫たち1	7
ふしぎなたけのこ	7,12
ふたりはともだち	22
ふるやのもり	33
へっこきあねさがよめにきて	45
ベッシーによろしく	19
ぼくじゃないよ　ジェイクだよ	19,21
ぼくらの青空通信	19

ま
みずいろのながぐつ	31
みずいろのマフラー	19,24
むし歯のもんだい	39
もりいちばんのおともだち	21

や
ヨンイのビニールがさ	29,31

四年二組の花丸くん	19
よもぎだんご	7,11,14

わ
わにさんどきっはいしゃさんどきっ	38

著者：本田　彰（ほんだ　あきら）

静岡文化芸術大学非常勤講師／元　静岡市立長田西小学校校長／
日本学校図書館学会会員／日本学校図書館学会静岡県支部副支部長／
日本シャーロック・ホームズ・クラブ会員
共著に『だれでもできるブックトーク』(国土社)／『だれでもできるブックトーク2』(国土社)／『その本読みたい！　低学年』(国土社)／『その本読みたい！　高学年』(国土社)／『シャーロック・ホームズ大事典』(東京堂書店) など

.... *Special Thanks* ....
to

静岡市立駒形小学校　　／　　静岡市立長田西小学校
＊
今泉　裕香さん
春田　秀明さん　　土生　稔さん　　斉藤　章さん
＊
学校図書館づくりに尽力してくださった
学校職員、保護者ボランティア、PTAのみなさん

....

イラスト：内山　良治

※本書のイラストはイメージ画です。紹介している展示物・書籍とは直接関係ありません。

※書籍を複写（コピー）することは法律で禁止されている場合があります。
　複写使用する場合は、著作権者または出版社等にお問い合せください。

2018年1月15日初版1刷印刷　　2018年1月30日初版1刷発行

著書：本田　彰

発行所：株式会社国土社
〒102-0094 東京都千代田区 紀尾井町 3-6
TEL 03-6272-6125／FAX 03-6272-6126

デザイン・DTP：瞬報社写真印刷株式会社 デザイン室
印刷所：瞬報社写真印刷株式会社
製本所：株式会社 難波製本

落丁本、乱丁本はいつでもおとりかえをします。
NDC 015 ／ 48P　ISBN 978-4-337-30221-1　C8300
Printed in Japan　©2018 A.HONDA

『みんなに本を紹介しよう！学校図書館ディスプレイ＆ブックトーク』（全4巻）の目次（テーマ）内容

巻数	月	ディスプレイ	壁面ディスプレイ	ブックトーク	おすすめ本カード
第1巻	4月	春を楽しむ本「春いっぱい」…………6	春を楽しむ本「はるだよ！」…………8	春を楽しむ本「春だよ！」…………10	春を楽しむ本「春の野原にでかけよう！」…………14
	\【コラム1】 おすすめ本カード（ポップ）をつくろう…………………………………………………………16				
	5月	友だちの本「ともだち、なかまっていいね！」…………18	友だちの本「ともだちっていいね！」…………20	友だちの本「ともだちって、なに？」…………22	友だちの本「ともだちといっしょに」…………26
	6月	雨を楽しむ本「雨をたのしもう！」…28	雨を楽しむ本「雨をたのしもう！」…30	雨を楽しむ本「雨をたのしもう！」…32	雨を楽しむ本「あらしが来て…」……36 虫歯予防デーの本「虫歯、だめ！」………38
	\【指導者の方へ】 本を展示・掲示しよう！…………………………………………………………………………40				
第2巻	7・8月	夏休みに使える本、読みたい本「夏だ！ なにをする？」…6	夏の本「夏だ！ なにをする？」…10	夏の本「夏を楽しもう」………12 戦争の本「戦争の中の子どもたち」…16	戦争の本「戦争と平和」…………22
	9月	科学の本「ふしぎがたのしい！」…………24	虫の本「いろんな虫がいるよ！」…………26	おじいさん、おばあさんの本「おじいさん、おばあさん、大好き」…………28	おじいさん、おばあさんの本「おじいちゃん、おばあちゃん」…………32 虫の本「虫のこと、知ってる？」…34 お月さまの本「お月さまが見ている」…36
	\【指導者の方へ】 展示書架をつくろう！〈パート1〉…………………………………………………………38				
第3巻	10月	秋の読書月間の本「先生方がすすめる本」…………6	くだものや野菜の本「みのりの秋　おいしいものいっぱい」…………8	食べることを考える本「食べる」…………10	食べることを考える本「食べることを考える」…14 ハロウィーンの本「もうすぐハロウィーン」…16
	11月	冒険の本「冒険にでかけよう！」…18 昔話の本「むかしばなし」………20	昔話の本「むかし むかしの おはなし…」…………22	冒険の本「さあ、冒険にでかけよう！」…………26	昔話の本「むかしばなし、だけど…」…………30
	\【コラム2】 ドングリのプッシュピンづくり…………………………………………………………………24				
	12月	クリスマスと冬の本「クリスマスと冬の本」…………32	クリスマスの本「クリスマス　おはなしのプレゼント」…………34	冬を楽しむ本「冬の楽しみ」…………36	クリスマスの本「クリスマス」…………40
	\【指導者の方へ】 展示書架をつくろう！〈パート2〉…………………………………………………………42				
第4巻	1月	落語の本「初笑い　落語の本」…6 レオ・レオニの絵本「レオ・レオニがいっぱい」…………8	干支のさると冬の本「ことしもえほんといっしょ！」…………10	落語の本「落語って、知ってる？」…………12	ことばあそびの本「ことばであそぼう」…………16
	2月	詩の本「詩をたのしもう！」…18	オニの本「いろんなオニがいるよ！」…………20	オニの本「オニって、こわいの？」…………22	富士山の本「富士山だ！」…………26
	3月	伝記、ノンフィクションの本「すごい人たちがいるんだよ」…………28	伝記の本「やりぬく力　ひたむきにがんばった人たち」……30	防災の本「地震に備える」…32	図書館を楽しむ本「すてきな本がいっぱい」…36 卒業生に贈る本「卒業おめでとう！」…38
	\【指導者の方へ】 職員室での本の紹介…………………………………………………………………………40				